PSICOLOGIA DELLA PERDITA DI PESO

IMPARATE TUTTO QUELLO CHE DOVETE
SAPERE SULLA PERDITA DI GRASSO CORPOREO
IN MODO NATURALE, GRAZIE ALLE BASI
PSICOLOGICHE DI BRUCIARE CALORIE

Jessy M. Brown

Indice dei contenuti

Introduzione

La perdita di peso è uno degli obiettivi della maggior parte degli uomini e delle donne. Se questo è uno dei vostri sogni anche nella vita, dovete essere consapevoli degli aspetti che vi aiuteranno a raggiungere i risultati che vi aspettate. Uno di questi aspetti è il suo modo di pensare. Senza una forte determinazione e una mentalità fissa, risultati di perdita di peso di successo sarebbero difficili da raggiungere.

Prima di tutto, cambiare idea è la prima cosa da considerare quando si tratta di perdere peso. Il tuo piano di perdita di peso non avrà successo se non presti attenzione al modo in cui pensi. Dicendoti che non puoi, sicuramente fallirai e avrai una piccola possibilità di vedere i risultati. Pertanto, è necessario pensare a queste cose a testa in giù.

Invece di pensare negativamente alla perdita di peso, si dovrebbe dire che lo farò, che posso e che avrò successo. Avrete più fiducia nel raccontarvi ognuna di queste cose una volta che imparerete a cambiare il vostro modo di pensare. Per motivare se stessi, è necessario conoscere il valore della motivazione e come può aiutarvi a raggiungere i vostri obiettivi.

Questo è lo scopo principale di questo libro. Con questa guida, imparerai il vero significato di una mentalità che può aiutarti ad avere successo e ad essere più efficiente nel raggiungere i tuoi obiettivi di perdita di peso. È importante cambiare il tuo modo di pensare, e devi capire le ragioni per cui devi considerarlo.

Siete fortunati a trovare questo libro perché vi fornirà idee, dettagli, suggerimenti, consigli e tutto sul vostro pensiero e il vostro rapporto e l'importanza di perdita di peso.

Con questa guida, è possibile controllare

il proprio peso e imparare tutto quello che si può fare per raggiungere i propri obiettivi. Il vostro viaggio verso una perdita di peso soddisfacente e di successo sta per iniziare. Continuate a leggere!

Il potere della mente sul corpo

Il tuo modo di pensare gioca un ruolo molto importante nella perdita di peso. Quello che ti succede fisicamente è solo un riflesso dei cambiamenti che avvengono all'interno del tuo sistema. Quindi, tu sei quello che pensi.

Una persona che aspira a perdere il peso in eccesso subirà cambiamenti nella pressione sanguigna e nella frequenza cardiaca. Allo stesso modo, la conduttività elettrica della pelle e della respirazione reagisce alle emozioni e ai pensieri.

Forse pensi di essere troppo grasso o non sei fisicamente in forma. Se non sei felice, lo stress farà sentire il tuo corpo in uno stato di insicurezza. Questo si tradurrà nel rilascio di ormoni che causano lo stress. Quando si perseguono pensieri stressanti e cattive emozioni, il corpo diventa più teso. L'ormone che causa lo stress, noto come cortisolo, ha un grande impatto sull'apparato digestivo e sul peso. Il grasso della pancia è uno dei segni visibili di stress.

> ## Come perdere il tuo peso in eccesso?

La prima cosa da fare è cambiare idea. Quando si tratta di perdere peso, non si dovrebbe pensare ad una "dieta". Invece, si dovrebbe imparare il modo migliore per mangiare i cibi che si desidera. Nel farlo, dovresti pensare al nutrimento piuttosto che alla privazione. Utilizzare gli orari dei pasti per gustare il cibo servito al tavolo. I pasti sono il momento giusto per voi per dimenticare i problemi stressanti o i pensieri che avete nella vita. Nel lungo periodo, noterete che vi piace mangiare e mangiare meno cibo.

Devi mantenere il tuo corpo in condizioni normali. Pertanto, è necessario trovare il modo di rimanere in forma e in salute.

Mangiare cibi utili al tuo pensiero è la tecnica migliore per eliminare lo stress e migliorare la tua salute. Questo vi permetterà di ottenere una perdita di peso di successo, anche senza dieta.

L'importanza della tua mentalità

Essere chiuso di mente può essere la ragione per cui non riuscite a raggiungere i vostri obiettivi di perdita di peso a lungo termine. Sviluppare una buona mentalità è una delle cose più importanti da considerare per ottenere un cambiamento duraturo.

Se hai una mente chiusa, sei il tipo di persona che tende a fuggire dalle sfide. Inoltre, è probabile che vi arrendete facilmente quando incontrate difficoltà nel raggiungere i vostri obiettivi. Sebbene tu sia determinato a cambiare, tutto è troppo difficile per te. Pertanto, si decide di rimanere all'interno della propria zona di comfort. Si è determinati a iniziare a prendere misure per perdere peso, ma una volta che non si vedono i risultati il più presto possibile, si preferisce rinunciare e smettere di fare tutto.

Se sei aperto e positivo, sei sempre pronto e coraggioso ad affrontare qualsiasi sfida lungo il tuo viaggio. Dovreste aspettarvi che gli ostacoli si presentino sul vostro cammino, ma quando accade qualcosa di brutto, dovreste cercare di affrontarli utilizzando una strategia che vi aiuterà a muovervi nella direzione positiva.

Quando si è di mentalità chiusa, si tende ad astenersi dall'ascoltare i consigli e i suggerimenti delle persone intorno a sé. Ignorerai i commenti di quelle persone, così potrai rimanere sulla tua strada attuale. Pensate anche che i vostri sforzi sono inutili perché sapete che non ci riuscirete fino alla fine.

Una persona dalla mente aperta è una persona che ascolta ciò che gli altri possono dirglielo. Riflette anche i loro pensieri, i loro atteggiamenti e le loro azioni. Quando si ha questo tipo di mentalità, si dovrebbero fare piccoli passi avanti. Avere una mentalità positiva equivale ad avere un'intelligenza emotiva. Sai che i cambiamenti non accadranno mai senza di lei.

Se si ha una mente chiusa, si tende a guardare di più all'aspetto fisico. Guardi le altre persone e provi invidia e gelosia perché hanno successo. Credi di poter fare meglio di loro, ma non fai niente. Avere una mentalità positiva, le azioni intraprese dagli altri diventano la vostra ispirazione. Tu sei testimone dei loro risultati e impari vedendo cosa fanno. Prendi questo e trova qualcosa che funzioni per te.

Come potete vedere, avere una mente chiusa non vi aiuterà mai a raggiungere i risultati che desiderate. Rimarrete nel vostro stato attuale per sempre e non noterete sviluppi e cambiamenti. Non puoi crescere perché non cambi il tuo modo di pensare o non fai niente per superare i tuoi pensieri negativi.

Quando aprite la vostra mente e scegliete di farlo, inizierete a vedere i cambiamenti che vi accadono. Gli sviluppi saranno visibili e comincerete a sperimentare il successo. Tutto questo arriverà al tuo metodo psicologico. Se faticate a perdere grasso e non vedete i cambiamenti mentre attraversate il ciclo più e più volte, leggete questo libro e pensate a cosa potete fare per cambiare il vostro modo di pensare.

La visualizzazione del tuo corpo

Il tuo pensiero, positivo o negativo, può influenzare l'immagine del tuo corpo. Se si sta cercando di apportare cambiamenti nella forma del corpo e nello stato di salute, si dovrebbe iniziare con la mente. I risultati di perdita di peso che vi aspettate vi saranno dati una volta che avete sviluppato una corretta immagine corporea. Un'immagine corporea ben sviluppata sembra fornire un modello dell'aspetto esatto che si desidera ottenere.

> ➢ *Perché è importante*

Senza fare un cambiamento nel vostro pensiero, i vostri pensieri sulla perdita di peso sarà contro la routine di salute o cambiamento che avete iniziato. Non troverai mai niente che funzioni più velocemente del tuo cervello. Creare sentimenti e pensieri che supportano la tua immagine corporea ti aiuterà a raggiungere i cambiamenti positivi e i risultati che desideri.

Oggi, la maggior parte delle persone che cercano risultati di perdita di peso di successo si affidano ai numerosi integratori disponibili sul mercato. La verità è che i risultati di perdita di peso possono anche essere raggiunti semplicemente avendo una mentalità positiva. Cambiando il modo in cui pensi alla perdita di peso e il modo in cui avviene, sei sicuro di ottenere i risultati che ti aspetti. Vi permetterà anche di cambiare tutta la vostra vita e di mantenere la nuova forma del vostro corpo.

Definire gli obiettivi per mangiare bene

Il metabolismo è il processo attraverso il quale il cibo consumato viene trasformato in energia. Il modo più semplice per capire questo è assumere che il cibo è la benzina per il tuo corpo. Una volta che il vostro stomaco si svuota, il vostro corpo inizierà a indebolirsi e cercherà di utilizzare l'energia immagazzinata nelle vostre cellule di grasso.

Alcune persone che stanno cercando di avere un regime di perdita di peso di successo limitare l'assunzione di cibo, in modo da mangiare meno del normale. D'altra parte, questo non vi permetterà mai di sperimentare i vostri obiettivi, in quanto il vostro corpo interpreterà la riduzione dell'assunzione di cibo come fame e utilizzerà le cellule adipose come meccanismo di sopravvivenza per il vostro corpo.

Il modo più efficace per migliorare il tuo metabolismo e la capacità del tuo corpo di perdere peso è quello di mangiare frequenti piccoli pasti ogni giorno. La maggior parte delle persone di solito mangia da 2 a 3 volte al giorno con pasti abbondanti. Per migliorare il tuo metabolismo, dovresti mangiare ogni giorno piccoli pasti frequenti. Puoi mangiare almeno 6 volte al giorno con lunghi intervalli per dare al tuo corpo più tempo per digerire gli alimenti che mangiate.

Mangiando piccoli pasti ogni giorno, vi sentirete affamati e questo può impedire che i vostri grassi vengano utilizzati contro la fame. Si dovrebbe anche mangiare più alimenti che sono a basso contenuto di calorie e grassi, ma ad alto contenuto di fibre. Questi alimenti sono quelli che vi aiuteranno a perdere di più e ottenere risultati migliori di perdita di peso. Evitare

gli alimenti trasformati, specialmente
quelli ad alto contenuto di grassi e sodio.

Una volta cambiato il modo di pensare al
cibo, sarà più facile cambiare le abitudini
alimentari abituali. Quando seguite un
particolare programma di perdita di peso,
dovreste concentrarvi sul vostro obiettivo.
Non solo si dovrebbe perdere peso, ma
anche migliorare la propria salute.

Definire gli obiettivi dell'esercizio

Essere fatti a brandelli o sexy non è difficile da fare se lo pensi davvero. Quello che devi fare è cambiare idea. Sapete che l'esercizio fisico è importante nella perdita di peso e dovete essere determinati a farlo ogni giorno. Qui ci sono alcuni suggerimenti che potete usare per ottenere la giusta mentalità che vi serve per essere motivati ad allenarvi regolarmente.

L'esercizio fisico regolare è noto per i diversi benefici per la salute che può fornire. Tuttavia, ci sono solo poche persone che conducono uno stile di vita attivo. Se si vuole migliorare la qualità della vita, si dovrebbe iniziare un regime di esercizio fisico. Abbassa la pressione sanguigna e può ridurre il rischio di varie forme di cancro.

➤ *Ecco come:*

1. Impostare aspettative realistiche
- prima di iniziare la nuova routine di allenamento, è necessario impostare prima il proprio obiettivo. Devi essere sicuro di quello che vorresti realizzare. Se questa è la prima volta che hai usato un regime di esercizio fisico, non dovresti essere sopraffatto. Si dovrebbe concentrarsi su un piccolo obiettivo prima e fare una lista contenente gli obiettivi di perdita di peso che si desidera raggiungere. Una volta che hai impostato aspettative realistiche, sarà più facile per te raggiungerle. Dopo aver raggiunto i piccoli obiettivi che avete, potete perseguire i vostri obiettivi difficili da raggiungere. Se avete in programma di entrare in un fitness club, potreste volerlo, dato che ci sono diverse palestre con personal trainer che possono aiutarvi a raggiungere i vostri obiettivi. Se non sai davvero cosa vorresti ottenere, assumere questi professionisti potrebbe essere la

soluzione migliore per il tuo problema. Ti motivano facendoti capire l'importanza di concentrarti sul cercare di perdere più grasso.

2. Trova un partner per il fitness - per divertirti di più durante l'esercizio fisico, potresti voler trovare qualcuno che sia il tuo partner per andare in palestra ogni giorno. Le ricerche dimostrano che se si lavora insieme a qualcuno, si è motivati a fare di più nel proprio regime di esercizio fisico. Se ti stai divertendo con qualcuno durante l'esercizio fisico o se diventi più competitivo e capace di spingere te stesso, queste cose dipenderanno dal tipo di personalità che hai.

3. Continua a fare quello che puoi - non c'è bisogno di preoccuparsi se non hai abbastanza soldi per pagare le tasse della palestra. Non esiste una regola che prevede che l'esercizio sia formale. Si può semplicemente salire e scendere le scale 10 volte al giorno. Puoi anche portare il tuo cane a fare una passeggiata all'esterno, ovunque vada. Qualsiasi azione che può aumentare la frequenza cardiaca è un tipo di esercizio cardiovascolare.

4. Mangiare cibi nutrienti e sani - per essere fisicamente in forma, è necessario prestare attenzione agli alimenti che si mangia durante i pasti. Si dovrebbe avere una dieta sana ed equilibrata, che è un aspetto cruciale per la ricchezza e la salute in generale. Potete contattare il vostro dietista se avete bisogno di consigli nutrizionali. Lui o lei può dirvi gli alimenti giusti da mangiare e cosa funziona meglio con il vostro regime di esercizio fisico. Tenete sempre presente che l'esercizio fisico da solo non è sufficiente per ottenere risultati di perdita di peso di successo. L'esercizio fisico deve essere combinato con una dieta adeguata.

5. Divertitevi - non dovreste mai sentirvi come se foste l'unica persona che si trova ad affrontare problemi mentre cercavate di perdere peso. Ricordate che ci sono milioni di persone in tutto il mondo che affrontano lo stesso vostro problema. Stabilire lo stato d'animo è il passo iniziale da compiere quando si tratta di fare esercizio fisico.

Si dovrebbe tenere a mente che quando si fa esercizio fisico, non è per far sentire il proprio corpo torturato, ma per il proprio bene. Questo significa che dovreste godere di tutto ciò che state facendo nella vostra vita quotidiana. È possibile scegliere lo yoga in quanto è un ottimo modo per rivitalizzare la mente come si diventa fisicamente in forma. Se sei un uomo, potresti voler entrare a far parte di una squadra di basket dove ti divertirai mentre il tuo corpo comincia a perdere peso. È anche possibile utilizzare i pesi gratuiti. Se iniziate il vostro nuovo regime di esercizio fisico pur avendo una mentalità negativa sull'esercizio fisico, non sarete mai in grado di farlo regolarmente. Ricordate sempre la sua importanza.

La tua immagine corporea

Per ottenere grandi risultati di perdita di peso, è necessario cambiare il modo di pensare. Un ottimo modo per modificare il modo di pensare l'esercizio fisico e la tua immagine corporea è quello di leggere e scrivere affermazioni ogni giorno. Che cosa sono le affermazioni e come possono essere di beneficio per te? Beh, queste sono brevi dichiarazioni positive che si possono leggere o scrivere ripetutamente quando necessario. È possibile collocarli nelle aree all'interno della propria casa in cui si va di solito ogni giorno. Vedendoli regolarmente, avrete più fiducia per affrontare le sfide e iniziare a lavorare di più per ottenere risultati migliori in termini di perdita di peso.

Oltre all'uso delle affermazioni, puoi anche cambiare il tuo pensiero con l'uso di altre tecniche:

- Considerate l'impatto - dovete pensare a come la vostra immagine corporea influenza gli altri aspetti della vostra vita. Devi riflettere su come la tua immagine corporea influenza il tuo lavoro, le tue relazioni e tutta la tua immagine di te stesso. Dovete determinare se questo vi impedisce o meno di raggiungere i vostri obiettivi. Provate a pensare a come la vostra immagine corporea influisce negativamente sulla vostra vita. Capire che l'insoddisfazione del proprio corpo influenza la propria vita può essere un potere. Perché conoscere i problemi vi porterà a trovare soluzioni per loro. Una volta che si è consapevoli dell'effetto delle immagini del corpo cattivo, si può iniziare a fare qualcosa per alleviarle.

- Guardati - la maggior parte delle persone si lamentano delle loro cosce e del loro stomaco grasso. Hanno diverse domande che riguardano i loro fallimenti per ottenere i risultati di perdita di peso che desiderano. Se sei una di queste

persone, devi essere abilitato in modo da poter vedere te stesso pienamente. Quando si sta di fronte allo specchio, si dovrebbe osservare tutto il proprio essere ed evitare di preoccuparsi di parti del corpo.

- Costruire un'immagine corporea positiva e buona proveniente dall'interno - la maggior parte delle persone dipende da fattori esterni che possono rompere o causare le loro immagini corporee. Quando si legge una rivista e si vedono modelli con corpi perfetti, si tende a dubitare del proprio aspetto. Leggere un messaggio Internet sull'esercizio fisico e la dieta può farti sentire peggio. Tuttavia, cosa succederà una volta che si lavora con un'immagine corporea in grado di resistere alle influenze esterne? Sicuramente non troverete mai nulla che sia completamente resistente, ma potete fare qualcosa che trasformerà la vostra immagine corporea in qualcosa di stabile. Puoi stare davanti

allo specchio e aspettare che i pensieri negativi entrino nella tua mente. Una volta che questi pensieri arrivano, dovete immaginare qualcosa che vi protegga da loro. Il tuo pensiero, le tue emozioni e la tua frequenza cardiaca saranno protetti da questo. Da qui, la tua mentalità positiva entrerà in gioco. In questo modo, sarai sicuro di essere sulla strada giusta.

- Cambiate il vostro modo di pensare - quando cambiate il vostro modo di pensare, vi permettete di formare un'immagine corporea sviluppata. Quando vi siete resi conto che perdere peso non è il vero obiettivo che dovete raggiungere, siete in grado di continuare ad avere una buona routine di auto-cura. Quando ci si rende conto che i piani dietetici non sono sufficienti per ottenere ciò che si vuole, ci si concentra sull'ascolto di ciò che dice il proprio corpo. Si può pensare che gli esercizi non sono realmente correlati alla perdita di peso, ma i movimenti del corpo possono alleviare lo stress.

- Pensate agli attributi positivi che avete - quando avete occhi attraenti, potete pubblicare qualcosa che vi ricorderà sempre dei vostri occhi. È possibile inserire questo nello specchio all'interno del bagno. Possono affrontare le lotte quando raggiungono i loro obiettivi, ma sono benedetti di avere quelle caratteristiche che gli altri non hanno.

Afferrate i vostri obiettivi

Andate sempre in palestra, mangiate un pasto equilibrato e passate abbastanza ore a dormire, ma non vi sentite ancora bene. Pensi di non essere completamente sano. Oggi, la maggior parte delle persone sono consapevoli dei benefici che possono ottenere restando in salute. Tuttavia, la maggior parte delle persone non passano il tempo a pensare all'aspetto più importante del controllo della perdita di peso, e questa è la mente.

Si può essere fisicamente in forma con l'esercizio fisico e una corretta dieta, ma quando la vostra mentalità non è in buona forma, può influenzare altre aree della vostra vita. La parte peggiore è che può impedirvi di raggiungere i vostri obiettivi. Lo stress quotidiano, la depressione, l'ansia e altri problemi psicologici sono diventati frequenti. In 5 persone, c'è una che sperimenta problemi psicologici ad un certo punto della sua vita. Questa situazione si verifica a causa di negligenza nel prestare attenzione alla mente.

➢ *Il valore di avere una mentalità normale e positiva*

La ricerca scientifica ha dimostrato che le cattive menti sopraffatte dallo stress possono provocare altri problemi di salute. Tenete sempre presente che avere una mentalità malsana può portare ad un fisico malsano. La mentalità disordinata può anche trattenere una persona. Si può pensare agli ostacoli che si frappongono a una buona salute, a una migliore produttività sul lavoro e a migliori relazioni. Scopri il modo migliore per affrontarli.

Facendo tutto il possibile per mantenersi in forma, si possono anche praticare esercizi mentali, che possono aiutare a ridurre le emozioni e i pensieri negativi. Ignora i pensieri negativi che ti dicono cose inutili. Invece di pensare negativamente, dovresti pensare dall'altra parte. Dite a voi stessi che potete farlo e che potete realizzare i vostri sogni. Pensate ai vostri pensieri negativi come sfide e permettete loro di motivarvi a impegnarvi maggiormente invece di arrendervi.

Allo stesso modo, si dovrebbe praticare la gratitudine ed essere grati per le esperienze e le lezioni insegnate durante tutta la vita. Invece di pensare ai tuoi fallimenti, dovresti sempre credere che le cose brutte accadono per insegnarti le cose giuste e per aiutarti a riconoscere i tuoi errori. Pensare al lato positivo delle vostre circostanze vi aiuterà ad avere una mentalità positiva. Quando si tratta di perdere peso, dovresti concentrarti sul sapere le cose che ti faranno fallire e utilizzarle come motivazione per diventare un pensatore positivo.

Come essere coerenti con i tuoi obiettivi?

La maggior parte degli elementi della vita sono utili per ottenere i risultati che ci si aspetta quando si tratta di perdere peso. D'altra parte, la cosa più importante di tutte è la tua mente. Se vuoi perdere peso e bruciare più grassi, devi condizionare la tua mente e credere in te stesso che puoi fare tutto il necessario per raggiungere il tuo obiettivo.

Avere una buona ed efficace mentalità di perdita di peso vi aiuterà molto. Questo vi darà motivazione e forza per affrontare le sfide. Con queste cose, sarà più facile per voi superare gli ostacoli e le tentazioni che possono sorgere sul vostro cammino. Una buona mentalità positiva per la perdita di peso vi aiuterà a promuovere il cambiamento a lungo termine e a raggiungere uno stile di vita sano e normale.

Se sei davvero serio sulla perdita di peso e hai già sviluppato una mentalità positiva, dovresti cercare modi per mantenerla e i cambiamenti che può portare alla tua vita. Qui ci sono alcune cose che puoi fare per tenere il passo con i cambiamenti di mentalità che hai:

- Ricordate i vostri obiettivi - per ottenere risultati completi e di successo di perdita di peso, è necessario ricordare gli obiettivi che si desidera raggiungere. Si consiglia di scrivere tutti i vostri obiettivi di perdita di peso. Per motivare il tuo pensiero, devi essere specifico su ciò che vuoi veramente realizzare. Effettuare un programma fisso di quando si dovrebbero vedere più cambiamenti. Assicuratevi che i vostri obiettivi siano raggiungibili e misurabili. Un obiettivo considerevole è quello per il quale si può essere ritenuti responsabili. Un buon esempio è la perdita di una determinata percentuale di grasso che deve essere raggiunta entro una certa data.

- Pensa ai tuoi obiettivi nella tua vita quotidiana - devi rivedere tutti gli obiettivi che hai scritto nel tuo diario, inclusi gli orari. Questo per assicurarmi che tu sia sulla strada giusta. Ci si può chiedere se le azioni che hai intrapreso per un giorno specifico ti hanno avvicinato o allontanato dalle tue aspirazioni.

- Obiettivo per obiettivi più piccoli e più brevi - è possibile suddividere gli obiettivi a lungo termine in obiettivi più piccoli e gestibili. In questo modo, troverete che sono meno difficili da fare, quindi sarete più motivati a mantenere la vostra mentalità positiva nel realizzare i continui cambiamenti che avvengono all'interno e all'esterno del vostro corpo. Invece di pensare di dover perdere 50 libbre in un anno, dovresti concentrarti a perdere una libbra ogni settimana perché è più facile da raggiungere. In questo modo, il vostro cambiamento di mentalità andrà oltre.

- Alterare la vostra attenzione -

dovete dimenticare gli aspetti negativi della perdita di peso. Questi aspetti includono il sentimento di privazione. Invece di preoccuparsi di loro, si dovrebbe concentrare la vostra attenzione sugli aspetti positivi della perdita di peso. Puoi prestare attenzione a come appaiono i tuoi vestiti e come il tuo corpo reagirà ad essi.

- *Pensate di più sulla salute* - non dovreste essere ossessionati dal vostro sogno di perdere peso. Dovreste prestare attenzione a migliorare la vostra salute che migliorerà la qualità della vostra vita. Dovete mangiare alimenti che miglioreranno la vostra salute invece di alimenti che sono principalmente destinati alla perdita di peso.

Conclusione

Come quanto discusso nei capitoli precedenti, in quest'ultimo capitolo vorremmo ricordarvi l'importanza di avere una buona mentalità. Quando si tratta di obiettivi, che si tratti di perdita di peso o meno, vedrete che cambiare mentalità è il primo e più importante aspetto che vi porterà al successo. Quando si tratta di perdere peso, come può beneficiare di un cambiamento di mentalità?

Cercando di cambiare il modo di pensare la perdita di peso vi darà diversi vantaggi, tra cui:

- Avere una mentalità positiva vi farà sentire più sicuri - per essere fisicamente in forma, dovete mettere ordine nella mente e dimenticare il solito modo di vedere la perdita di peso. Cambiare il tuo pensiero è il primo passo verso un efficace piano di gestione della perdita di peso. Senza una forte volontà e determinazione portate dal pensiero positivo, sarà più difficile per voi ottenere ciò che volete. Quando cambiate idea, vi sentirete più sicuri e sarete in grado di affrontare le sfide di mantenere il peso giusto per voi. Nella perdita di peso, il possesso di una mentalità positiva deve essere costantemente mantenuto. Questo vi darà più fiducia per mantenere i risultati di cui godete oggi per tutta la vita.

- Cambiando il vostro pensiero porterà ad una normale condizione di salute - quando si cambia il modo negativo di pensare alla perdita di peso, vi accorgerete che raggiungere la salute generale è più facile da raggiungere. Cambiando il modo in cui pensate non solo vi aiuterà ad avere successo nel vostro piano di perdita di peso, ma vi indicherà anche un modo di vita più sano.

- Cambiando il tuo modo di pensare ti permetterà di diventare una

persona ottimista - dovresti cambiare il tuo modo di pensare e devi diventare un pensatore positivo se sei davvero sincero su come ottenere un fisico più attraente. Cambiare l'ambiente e le convinzioni abituali della vostra mente quando si tratta di perdere peso vi aiuterà ad essere ottimisti. L'ottimismo è un buon atteggiamento che si deve avere per perdere peso. Lo sapevate che ciò che la vostra mente può concepire, il vostro corpo può raggiungere?

- Cambiare il tuo modo di pensare ti farà sentire bene - quando dici che devi cambiare il tuo modo di pensare, questo significa che devi dimenticare i tuoi atteggiamenti negativi come il pessimismo, perché ti terrà lontano dal successo. Se davvero vuoi perdere peso in modo sano e sicuro, devi dire a te stesso che puoi farlo. Tuttavia, le parole da sole non sono sufficienti per aiutarvi a raggiungere i vostri obiettivi. Quindi assicuratevi di avere pazienza e determinazione. Lo sapevate che queste sono due delle chiavi principali che vi aiuteranno ad ottenere un cambiamento radicale nel vostro corpo?

Tutti questi sono i benefici che puoi ottenere quando il tuo pensiero è cambiato. Come potete vedere, la scelta di cambiare il vostro solito modo di pensare vi aiuterà ad ottenere di più, a parte i risultati di perdita di peso che vi aspettate. Allora, cosa stai aspettando? Dovreste cominciare la vostra lotta per cambiare il vostro pensiero prima di compiere gli altri passi del vostro piano di gestione della perdita di peso. Tenete presente che la perdita di peso può essere ottenuta al meglio quando ci si concentra sul proprio aspetto mentale piuttosto che fisico. Qualunque cosa accada, la tua mente è sempre il capo. Tieni a mente queste cose e ti assicurerai di avere successo. Potrebbe non essere un percorso facile, ma certamente può essere realizzato, soprattutto se mettete in pratica i consigli che questo libro vi ha dato. Vi auguro buona fortuna e ricordo che tutto è possibile!

Ora sì, vi auguro il meglio dei vostri risultati, e ricordate, tutto è pratico; la teoria senza azione non vi serve a nulla.

Un grande abbraccio, il tuo amico, Jessy!

A proposito, quando si raggiungono i risultati a poco a poco, vi consiglio vivamente, se volete imparare molto di più sui metodi di perdere peso, il mio libro su "COME FARE LA DIETOGENICA SENZA STOP AL Mangiare", è un libro che sono sicuro vi aiuterà molto sulla strada per "buona salute".

Senza ulteriori indugi, potete trovarlo nel motore di ricerca in Amazzonia, come: "Come fare la dieta chetogenica senza smettere di mangiare" o cercando il mio nome, come: "Jessy M. Brown"..... Ancora una volta vi auguro di avere successo nei vostri risultati!

www.ingramcontent.com/pod-product-compliance
Lightning Source LLC
Chambersburg PA
CBHW072024280526
45788CB00007B/2662